INGRESOS PASIVOS

Pasos y Estrategias Comprobadas para Ganar Dinero Mientras Duerme

Mark Smith

Este documento está orientado a proporcionar información exacta y confiable en relación con la temática y el asunto cubierto. La publicación se vende con la idea de que el editor no está obligado a prestar servicios contables, permitidos oficialmente o de otra manera calificados. Si es necesaria asesoría legal o profesional, se debe buscar a un individuo instruido en la profesión.

- De una Declaración de Principios que fue aceptada y aprobada igualmente por un Comité de la Asociación Americana de Abogados y un Comité de Editores y Asociaciones.

De ninguna manera es legal reproducir, duplicar o transmitir ninguna parte de este documento en forma electrónica o impresa. La grabación de esta publicación está estrictamente prohibida y no se permite el almacenamiento de este documento a menos que tenga un permiso por escrito del editor. Todos los derechos reservados.

La información proporcionada en este documento se declara veraz y coherente, ya que cualquier responsabilidad, en términos de falta de atención o de otro tipo, por el uso o abuso de cualquier política, proceso o dirección contenida en este documento es responsabilidad única y absoluta del lector receptor. Bajo ninguna circunstancia se tendrá responsabilidad legal o culpa alguna contra el editor por cualquier reparación, daño o pérdida monetaria debido a la información aquí contenida, ya sea directa o indirectamente.

Los autores respectivos son dueños de todos los derechos de autor que el editor no posee.

La información aquí contenida se ofrece únicamente con fines informativos, y es universal como tal. La presentación de la información es sin contrato ni ningún tipo de garantía.

Las marcas comerciales que se utilizan no tienen ningún consentimiento, y la publicación de la marca comercial no tiene permiso ni respaldo del propietario de la marca comercial. Todas las marcas comerciales y marcas de este libro son únicamente para fines de aclaración y son propiedad de los propietarios, no están afiliados a este documento.

Table de Contenidos

Introducción

Quiero darle las gracias y felicitarlo por comprar el libro *"Ingresos pasivos: pasos y estrategias comprobados para ganar dinero mientras duerme"*.

Este libro contiene pasos y estrategias comprobadas sobre cómo ganar dinero extra sin tener que depender de su trabajo diario. En una época en la que las economías se están derrumbando y se están perdiendo empleos, debe encontrar nuevas formas de aprovechar su tiempo para ganar ese dinero extra. La idea de obtener un ingreso secundario es el camino a seguir, y ahora puede aprovechar la tecnología avanzada disponible para ganar dinero en internet. El ingreso pasivo no es la ola del futuro, ya está arrasando en todo el mundo en este momento.

Lo primero que le enseñará este libro es qué es realmente el ingreso pasivo. Hay muchas personas que tienden a tener una idea equivocada sobre lo que realmente significa ingreso pasivo. A medida que lea este libro, se encontrará con algunas preguntas verdaderamente pertinentes pero reveladoras sobre su estrategia de ingresos pasivos. Sea honesto y piense profundamente sobre cada una de estas preguntas. Podrían terminar determinando si logra el éxito o el fracaso.

Este libro también definirá formas exclusivamente nuevas y radicales para desarrollar un ingreso pasivo real. Aprenderá a ganar dinero y, si lo desea, puede mantener su trabajo diario. Hay algunas estrategias que le permitirán ganar dinero tan rápido que incluso puede sentirse tentado a dejar su trabajo diario y disfrutar de su vida de nuevo, haciendo las cosas que realmente le gustan.

Una cosa que debe entenderse claramente es que este no es un esquema rápido para hacerse rico. Si espera algún tipo de contenido sobre cómo engañar a la gente con el dinero que tanto le costó ganar, entonces este libro no es para usted. Las estrategias descritas aquí son ideas y principios comerciales simples que puede aprovechar para crear un flujo de ingresos pasivo. Si puede tomar la información de este libro e implementar las estrategias, no hay razón para no tener éxito.

Gracias de nuevo por comprar este libro, ¡espero que lo disfrute!

Capítulo 1: ¿Qué es el Ingreso Pasivo?

Para maximizar sus ingresos pasivos y lograr la libertad financiera, primero debe comprender con precisión el concepto en sí.

Ingreso Pasivo vs. Activo

El ingreso pasivo es simplemente un ingreso que gana sin trabajar activamente para ello. No es como un trabajo normal en el que tiene que presentarse todos los días, dedicar tiempo y esfuerzo, e incluso puede ser despedido. Con ingresos pasivos, el dinero sigue fluyendo incluso si no va a trabajar.

Es muy diferente del ingreso activo, en el que tiene un contrato para trabajar para un cliente o empleador, y si no lo hace, tendrá como resultado la pérdida de ingresos. Algunas personas tienden a confundir el término ingreso pasivo al incluir algunos tipos de trabajo por contrato "fuera de los libros". El hecho de que el trabajo que está haciendo le ofrezca algún tipo de flexibilidad no significa que sea parte de su ingreso pasivo. Mientras tenga que hacer el trabajo usted mismo, se clasifica como ingreso activo.

La clave para entenderlo es que el ingreso pasivo le permite recibir un pago a pesar de que no está participando activamente en ningún trabajo significativo. Es posible que deba pasar algún tiempo inicialmente estableciendo el negocio y despegando, pero llegará un momento en que podrá sentarse y disfrutar de su flujo de ingresos pasivo. De hecho, tendrá la opción de seguir trabajando o no. Un ingreso activo no le da este tipo de libertad.

Lo que No es el Ingreso Pasivo

Hay algunos flujos de ingresos de los que puede beneficiarse, pero no se pueden clasificar realmente como ingresos pasivos. Un buen ejemplo de esto es recibir una herencia o vender un activo. Estos son simplemente pagos únicos que no tienen continuación en el tiempo.

El ingreso pasivo no está necesariamente libre de riesgos. No se puede definir como un ingreso totalmente seguro. Sí, hay algunas fuentes de ingresos que tienen menos riesgo que otras, pero la verdad es que cada fuente de ingresos conlleva cierto riesgo. Incluso con ingresos pasivos, siempre es aconsejable crear múltiples flujos de ingresos para minimizar el riesgo de fracaso.

Otra cosa que no es el ingreso pasivo es "libre de mantenimiento". En algún momento tendrá que intervenir para llevar a cabo algún tipo de mantenimiento para mantener el flujo constante de ingresos. Es un mito creer que una vez que establezca su fuente de ingresos pasivos y retroceda, ya no tendrá que vigilar las cosas. Hay que presentar impuestos, depositar cheques e incluso responder correo. Puede haber pequeñas cosas aquí y allá, pero aún deben hacerse.

Al observar el nivel de mantenimiento requerido para mantener el ingreso pasivo, debe determinar si es muy pasivo o semi pasivo. Un buen ejemplo es escribir un libro versus alquilar su casa. Con un ingreso muy pasivo como regalías de libros, usted realmente tiene que hacer mucho una vez que se publica el libro. El editor venderá el libro en tiendas o en línea y no se le exigirá que trate con clientes. Todo lo que tendrá que hacer es cobrar los cheques de regalías. Con un ingreso semipasivo como alquileres de casas, se le pedirá que mantenga la casa de manera regular. También es posible que tenga que buscar nuevos inquilinos, hacer pagos de seguros e impuestos, e incluso supervisar al encargado del edificio.

Finalmente, el ingreso pasivo no es un esquema para hacerse rico rápidamente. Si tiene la idea de que puede crear un flujo de ingresos pasivo engañando a las personas con el efectivo que tanto le costó ganar, entonces este libro definitivamente no es para usted. Este tipo de mentalidad no debe usarse para definir un ingreso pasivo. Hay personas que intentan buscar formas de ganar dinero sin proporcionar necesariamente algo de valor a cambio. Esto no es emprendimiento, es simplemente robo.

Es cierto que existen lagunas en la economía que puede aprovechar para ganar algo de dinero. Sin embargo, este tipo de enfoque nunca debe describirse como un ingreso pasivo. Siempre debe intentar crear valor para sus clientes para que siempre estén dispuestos y listos para darle su dinero. Hay algunas empresas que requieren que brinde más valor que otras, pero al final del día, debe ofrecer algo para obtener dinero a cambio.

Preguntas Clave que Debe Hacerse

¿A dónde me llevarán las fuentes de ingresos pasivos?

Mucha gente se lanza a desarrollar múltiples flujos de ingresos sin definir claramente cuál será su juego final. Debe preguntarse cómo responderá su vida a los éxitos que alcanzará. ¿Cómo cambiarán su vida esos $1000 extras? ¿En qué momento podrá vivir de sus ingresos pasivos? ¿Cómo pasará su tiempo libre una vez que comience a ganar dinero de forma pasiva?

¿Es el ingreso pasivo una receta para el éxito o el fracaso en mi vida?

¿Invertiría su tiempo y dinero extra en cosas productivas en su vida u holgazanearías, engordaría, consumiría drogas y finalmente moriría antes de tiempo? Estas son preguntas pertinentes que no puede permitirse omitir. Debe decidir cómo crecerá su vida y compartir el valor que ha creado con otras personas a su alrededor. De lo contrario, simplemente se sentirá tentado a involucrarse en cosas que lo derribarán más rápido de lo que lo hizo. Muchas personas se han quemado o deprimido porque no planearon de antemano cómo estructurarían su nueva vida.

¿Por qué necesito fuentes de ingresos pasivos?

¿Qué motivaciones tiene para crear ingresos pasivos? ¿Es simplemente porque está constantemente en quiebra o endeudado? Debe darse cuenta de que su motivación para querer ese dinero extra es lo que determinará cómo será su vida después de que lo tenga. La verdad es que, en la mayoría de los casos, aún puede ser feliz con el poco dinero que tiene, así que asegúrese de que su motivación esté vinculada a alcanzar el cumplimiento y la satisfacción.

Evite las Exageraciones

Existen muchos libros y artículos en la web que dicen enseñarle a ganar mucho dinero rápidamente. Incluso pueden decir que su sistema está garantizado para darle un flujo de ingresos pasivos de forma gratuita. Debe tener cuidado con tales esquemas. Muchas personas inocentes han sido estafadas y han perdido dinero al caer en tales estrategias.

Este libro no trata de crear dinero de la nada. Hay algo que siempre se requerirá de usted al crear un flujo de ingresos pasivo. Estos incluyen tiempo, energía, dinero y compromiso.

El ingreso pasivo siempre implica trabajo, así que no se haga una idea equivocada porque está desesperado por pagar el alquiler la semana que viene. Hacer que los ingresos pasivos funcionen para usted requerirá que se agache y se ensucie en las etapas iniciales y haga sacrificios al igual que cualquier empresario verdaderamente exitoso. No hay atajos en este libro. Primero haga el trabajo y luego comience a pensar en disfrutar los resultados. ¡Ahora echemos un vistazo a algunas de las formas en que puede crear un ingreso pasivo que transformará su vida y lo acercará un paso más a la libertad financiera!

Capítulo 2: Invierta en Bienes Raíces

Cuando decide aventurarse en inversiones inmobiliarias para generar ingresos pasivos, debe considerar qué tipo de enfoque utilizar. Existen diferentes estrategias que puede aprovechar para encontrar un enfoque que se adapte no solamente a sus necesidades financieras sino también a su inversión de capital inicial.

Bienes Raíces de Llave en Mano

Una muy buena manera de comenzar a generar ingresos pasivos en bienes raíces es a través de propiedades de alquiler de llave en mano. Las propiedades de llave en mano pueden ser una oportunidad de oro para cualquiera que quiera comenzar a invertir en bienes raíces. Entonces, ¿qué son las propiedades de llave en mano y por qué son tan especiales?

Las propiedades inmobiliarias de llave en mano son simplemente propiedades que ya han sido renovadas, generalmente por una compañía de administración de propiedades, y están a la venta. Usted compra la propiedad de la compañía de administración de bienes raíces y la alquila, ganando una buena suma cada mes. Lo que hace que este tipo de inversión inmobiliaria sea popular es que la misma compañía que administraba la propiedad antes puede brindarle servicios de administración postventa. Ellos cobrarán su alquiler, pagarán el mantenimiento y las reparaciones, manejarán toda la documentación y le enviarán su dinero. No tiene que tratar con los inquilinos usted mismo, por lo que esto le ahorra tiempo y esfuerzo.

Sin embargo, hay ciertas cosas que debe considerar como

inversionista antes de elegir este tipo de medio de ingresos aprobados:

Investigue la Propiedad

Debe conocer bien su propiedad antes de decidir comprarla. Esto significa que debe realizar una investigación adecuada para determinar si vale la pena comprar la vivienda. Debe preguntarse si el valor de la casa es realmente lo que describe el vendedor. Muchos inversores novatos aprovechan la oportunidad de comprar una propiedad llave en mano solo para darse cuenta de que la propiedad no valió la pena.

La mejor manera de conocer su propiedad es visitarla en persona y verificarla. Si la propiedad se encuentra en otra parte del país, es posible que deba enviar a alguien de su confianza para que la revise o incluso viajar hasta allí. Comprar bienes inmobiliarios es una gran inversión que no puede tomarse a la ligera, y debe asegurarse de que lo que obtenga tenga el mismo valor que el dinero que está depositando. Visite el área y tenga una idea de cómo se desarrollará el lugar en el futuro. ¿La propiedad aún retendrá o aumentará su valor teniendo en cuenta las tendencias actuales en el vecindario, o su valor disminuirá?

Debe considerar cómo se verá su flujo de efectivo una vez que compre la propiedad y la alquile. Elegir una propiedad en un vecindario mal mantenido solo porque los gastos serán bajos y los ingresos altos es una mala idea. Un alto rendimiento siempre conlleva un alto riesgo. Será mejor que busque una propiedad que se encuentre en un área bien cuidada con buenas comodidades sociales, a pesar de que las ganancias mensuales pueden ser más bajas. Es más probable que su propiedad se aprecie en valor con el tiempo.

También es una buena idea involucrar a un inspector de

propiedades profesional para que pueda examinar los detalles que la mayoría de las compañías de administración de propiedades no le revelarán voluntariamente. Puede que le impresionen los acabados y las renovaciones de la casa, pero ¿qué pasa con el techo, el sistema de climatización o las tuberías detrás de las paredes? Un inspector de viviendas profesional podrá anotar cosas que quizás no vea.

Conozca el Carácter de los Inquilinos en el Vecindario

Como propietario potencial, no desea tener inquilinos que le causen dolores de cabeza todos los días. Debe visitar el vecindario para conocer el tipo de inquilinos que viven en el área. Los inquilinos que sean estables y responsables serán más confiables a la hora de pagar el alquiler a tiempo. Algunas áreas tienen inquilinos que rompen o dañan la propiedad y se mudan sin previo aviso.

Investigue el Número de las Vacantes

Siempre asegúrese de conocer el número de vacantes de la propiedad en la que está invirtiendo. Una casa o apartamento con una cantidad alta de vacantes no generará mucho dinero. Puede ser de alto valor o tener el potencial de apreciarse en el futuro, pero también debe pensar en los gastos de su propiedad. Es mejor que compre una propiedad que pueda atraer inquilinos de manera regular.

Investigue la Empresa de Administración de Propiedades

Debe haber mucha confianza entre usted y la compañía de administración de propiedades. Si va a trabajar con ellos, debe tener fe en que son profesionales experimentados en los que se puede confiar para manejar sus problemas. No hay nada tan malo como tratar con una empresa de administración que no realiza reparaciones cuando es necesario o no es lo suficientemente diligente como para buscar nuevos inquilinos. Es fundamental que realice una verificación de antecedentes para determinar ciertos aspectos de la forma en que opera la empresa, como por ejemplo:

- Las tarifas que cobran

- Si proporcionan estados de cuenta mensuales para ayudarlo a controlar los ingresos y gastos de la propiedad

- El tiempo que les toma, en promedio, llenar las vacantes de propiedades de alquiler

- Los años de experiencia que tienen

Esta información se puede obtener sentándose y hablando con el administrador de la propiedad, pero le ayudaría más si hablara con otros clientes que han trabajado con la empresa.

Entienda el Tipo de Acuerdo

Necesita saber en qué tipo de acuerdo de propiedad está entrando con la empresa de gestión. Puede ser que quieran que su nombre permanezca en el título, por lo que, en lugar de venderle la propiedad, optan por convertirse en su socio a través de una LLC. Le conviene comprar la propiedad directamente para evitar problemas futuros, por lo que la solución recomendada, en este caso, sería crear una cuenta de gastos independiente para fines de mantenimiento cuando sea necesario.

Entienda los Riesgos Potenciales

Invertir en bienes raíces puede ser lucrativo, pero definitivamente no es para todos. Siempre debe estar preparado para cualquier riesgo o problema que pueda surgir, por ejemplo, aumentos imprevistos de impuestos a la propiedad. Debe tener algo de dinero a mano en caso de que ocurra algo imprevisto. La mayoría de las personas que optan por invertir en bienes raíces tienden a hacerlo a largo plazo. Siempre hay altibajos en el mercado inmobiliario, y es mejor ser paciente al invertir en este sector. Si no puede hacerlo, entonces no necesita molestarse en poner su dinero en bienes raíces.

Hacer Dinero con Airbnb

Airbnb es un servicio entre pares que le permite alquilar su casa o apartamento por un corto período de tiempo. Es una excelente manera de ganar dinero extra, especialmente cuando tiene espacio en su casa que no se está utilizando. También puede estar planeando salir de la ciudad por un tiempo, pero el alquiler aún debe pagarse, entonces, ¿por qué no alquilar su apartamento por el tiempo que dure fuera?

La aplicación Airbnb le permite anunciar su propiedad, que puede ser desde una habitación individual hasta una casa flotante, en la página web de Airbnb de forma gratuita. Luego puede promocionar su propiedad creando un perfil con títulos, descripciones y fotos. Esta información luego ayuda a los huéspedes a encontrar un lugar adecuado para alojarse en caso de que se encuentren en la zona. Airbnb le ayuda a conectarse con otras personas en el área en la que buscan vivienda temporal.

Un invitado puede revisar la base de datos completando los detalles de a dónde está viajando y cuándo estará en el área. Qué tan atractiva o interesante sea su propiedad para los huéspedes puede depender del tipo de habitación/espacio que se ofrece, el precio del alquiler, el tamaño del espacio disponible, las comodidades que puede proporcionar o incluso el idioma que habla.

Entonces, ¿cómo se hace para crear un negocio con Airbnb?

Publicar su Espacio

Usted es quien decide cuándo alquilar su espacio y el precio a cobrar como alquiler. El proceso del anuncio es gratuito y puede elegir a quién alquilar aprobando a los posibles inquilinos por adelantado. Deberá tener en cuenta que hay otras personas que pueden estar alquilando sus espacios, así que mantenga su precio competitivo.

Debe tener en cuenta los costos de hospedar a alguien, por ejemplo, limpieza, facturas de servicios públicos, cargos de alojamiento de Airbnb e impuestos. Si tiene la intención de utilizar el servicio Airbnb, deberá cumplir con sus normas y reglamentos de alojamiento. Estos incluyen cómo anunciar su propiedad con precisión, cómo comunicarse con sus inquilinos, mantener sus obligaciones de reservas, estándares de higiene y la provisión de servicios básicos como papel higiénico y jabón.

Su listado en el sitio web de Airbnb incluirá una foto de la habitación o la casa, así que asegúrese de que esté ordenada y presentable. Puede tomar la foto usted mismo y subirla, o Airbnb puede enviar un profesional para tomar fotos de forma gratuita, aunque esto es solamente para anfitriones activos. Incluso puede realizar una promoción cruzada de su espacio en las redes sociales o a través de su página web personal.

La forma en que describe su espacio determinará el nivel de interés que genera en la plataforma. Descríbalo de una manera única y desde la perspectiva de alguien que no sea local. Esto significa que debe enfatizar los medios de transporte más cercanos disponibles, los lugares de entretenimiento y restaurantes más cercanos, y cómo es la cultura en el área. También debe detallar los beneficios adicionales de los que un huésped puede beneficiarse, como televisión por cable, Wi-Fi, una nevera completamente equipada, etc.

Obtener Autorización y Pago de Impuestos

Si está alquilando un apartamento o casa y desea recibir a un huésped que paga, entonces tendrá que obtener el permiso de su propio dueño. En caso de que su propiedad sea parte de una cooperativa o asociación de propietarios, entonces debe asegurarse de que no haya nada en sus reglas que no permita hospedar a un huésped que paga. Airbnb siempre recomienda que agregue una cláusula adicional a cualquier contrato que firme con las entidades anteriores para tratar específicamente el alojamiento a través de Airbnb.

También hay que considerar los impuestos sobre la renta locales. La autoridad local puede considerar que cualquier persona que alquile su espacio utilizando Airbnb administra un hotel, por lo que podría pagar un impuesto de ocupación transitorio. También deberá pagar impuestos federales.

Seguridad Personal

Si está alquilando una habitación en su apartamento o casa, debe considerar cuidadosamente su seguridad personal. En caso de que se vaya de viaje, tendrá el dolor de cabeza de guardar cualquier cosa de alto valor, en caso de que su invitado sea curioso. Se recomienda que conozca más acerca de su inquilino mirando las críticas escritas sobre ellos por anfitriones anteriores. También puede hacer un trabajo básico de detective en Internet o realizar una verificación de antecedentes penales (si realmente puede hacerlo).

Garantías de Pago

El pago se realiza a través de Airbnb, y su dinero se le entrega dentro de las 24 horas posteriores a la llegada de su invitado. Si hay algo con lo que el huésped no está satisfecho, puede informarlo a Airbnb dentro de las 24 horas para obtener un reembolso. Intentar que le paguen fuera del sistema Airbnb es una mala idea, ya que el huésped puede engañarle fácilmente. En caso de que lo descubran recibiendo pagos fuera de la plataforma, Airbnb se reserva el derecho de dejar de hacer negocios con usted.

Crear un flujo de ingresos pasivos a través de Airbnb es una excelente manera de conocer gente diferente e interesante y ganar dinero extra. Puede alquilar fácilmente una de sus habitaciones libres en su casa por un corto período de tiempo, lo que le ayuda a pagar las facturas o tener una ganancia residual. Invertir en bienes raíces a través de Airbnb maximiza el uso de su propiedad inmobiliaria ya que el alquiler aún se pagará incluso cuando no esté cerca.

Capítulo 3: Crear una Página Web y Empezar a Bloguear

Hay muchas personas que han intentado ganar dinero en línea mediante la creación de un sitio web, y fracasaron miserablemente. Luego, hay otros que han tenido tanto éxito haciéndolo que dejaron sus trabajos diarios y se convirtieron en personas que obtuvieron ingresos pasivos. ¿Cuál fue la diferencia? El primer grupo simplemente no lo hizo de la manera correcta.

¿Es posible ganar mucho dinero iniciando un blog, y si es así, cómo se hace? La verdad es que definitivamente puede ganar mucho dinero creando un sitio web y blogueando. El secreto es utilizar las estrategias correctas y encontrar la mejor manera de monetizar sus esfuerzos.

Un gran blog tiene que ver con el contenido. Si tiene un contenido excelente, la gente seguirá regresando a su sitio y podrá ganar más dinero. Mucha gente pasa demasiado tiempo tratando de engañar a los robots de búsqueda de Google para popularizar su sitio, pero este enfoque está condenado al fracaso a largo plazo. Estos son los que dicen que los blogs no pueden generar ingresos pasivos.

Pero las personas exitosas saben cómo hacerlo de la manera correcta. Puede tener un sitio web que venda productos o distribuya información. Independientemente de la opción que elija, busque algo que le apasione y siga ajustando su estrategia hasta que lo haga bien. Mientras se concentre en producir contenido que sus lectores consideren valioso, podrá atraer a más personas y ganar toneladas de dinero.

Entonces, ¿cuáles son algunas de las estrategias que puede utilizar al tratar de obtener ingresos pasivos a través de los blogs?

Publicidad Contextual de Pago por Clic

Con la publicidad Pay Per Click (PPC), puede usar Google AdSense o Yahoo Publisher Network (YPN).

Google AdSense es más popular porque solamente mostrarán anuncios que sean relevantes para el nicho que atiende su blog. También es la opción más fácil de implementar.

YPN es un importante competidor de AdSense. Sin embargo, YPN no muestra anuncios que sean tan relevantes para su contenido como lo hace Google, por lo que esto podría no atraer a los visitantes de su sitio. Por otro lado, YPN le paga más por clic que AdSense, por lo que se trata de equilibrar los objetivos a corto plazo con los ingresos pasivos a largo plazo.

Si no está seguro de cuál elegir, simplemente comience con la opción más simple, AdSense, y pruébela. Coloque los anuncios en diferentes lugares de su sitio y muévalos regularmente. Controle la efectividad de la colocación. También puede cambiar el color del texto o enlace para ver cómo responden los visitantes a estas alteraciones. No realice múltiples cambios al mismo tiempo porque si el tráfico se dispara, no habrá forma de saber qué cambio causó el aumento. Después de un par de meses, puede cambiar a YPN y realizar un seguimiento de los cambios en los niveles de tráfico. Probar diferentes técnicas y estrategias es una excelente manera de descubrir qué funciona mejor para su sitio.

Mercadeo de Afiliación

Los vendedores de Internet más exitosos utilizan esta estrategia. Muchas personas han intentado usar esta estrategia, pero el problema es que emplearon técnicas incorrectas, no hicieron un esfuerzo suficiente y se dieron por vencidos a mitad de camino. Elegir el sistema adecuado a utilizar puede mantenerle dando vueltas durante mucho tiempo.

El primer paso es conocer su nicho a fondo. Si su blog trata sobre *fitness*, asegúrese de convertirse en un experto en él. El contenido que coloque en su blog debe ser de alta calidad y con autoridad. Los lectores pueden olerse las bobadas simplemente leyendo su contenido y examinando los hechos presentados.

Una vez que haga esto, es hora de encontrar excelentes productos para promocionar. No solo cualquier producto, sino los que se venden realmente bien. El programa de afiliación más simple que existe es ClickBank. Usted se registra y luego busca cualquier producto que su blog pueda promocionar mediante palabras clave, y recibe un código que le permite promocionar ese producto. También existe Commission Junction, que en realidad le brinda una mejor información sobre la cantidad de clics que ha enviado, aunque los productos que se ofrecen no son tan atractivos como los de ClickBank.

Ganar Dinero Mostrando Anuncios

Hay algunos blogueros que parecen tener un problema con esta estrategia porque piensan que colocar anuncios en su sitio abarata el contenido. La pregunta que debe hacerse es esta: ¿está dispuesto a proporcionar a las personas contenido gratuito y de alta calidad sin que se les pague? Está leyendo este libro porque quiere salir de la competencia feroz de 9 a 5. Si le pueden pagar por escribir sobre cosas que realmente disfruta, ¿por qué no hacerlo?

Debe comenzar produciendo excelente contenido para sus lectores, el tipo de contenido que las personas encuentran útil y práctico para sus vidas. La mayoría de los visitantes esperan que los sitios exitosos tengan algunos anuncios, y el hecho de que no tenga anuncios puede hacerles pensar que no es lo suficientemente popular o autoritario. No tiene que cobrar tarifas de suscripción a los visitantes ni venderles nada. Los anuncios pueden hacerle ganar mucho dinero mientras hacen que su sitio parezca creíble.

Entonces, ¿cuál es el mejor momento para colocar anuncios en su blog? ¿Debería esperar hasta que el tráfico llegue a un cierto número de visitantes por día, o simplemente tirarse de cabeza? Debe verlo de esta manera: si espera hasta tener un número específico de visitas por día, entonces ese día nunca llegará. La mejor estrategia es hacerlo de inmediato. ¿Por qué? El motivo es simple. En el momento en que monetiza su página web y coloca anuncios en ella, es el momento en que se tomará en serio la producción de excelente contenido para generar tráfico. Si tiene un trabajo diario, es muy probable que no tenga el tiempo o la energía para bloguear constantemente. Esto afectará sus números de tráfico. Colocar anuncios desde el primer momento lo motiva a comenzar a tomarse las cosas en serio porque ahora hay dinero involucrado.

Donde coloque sus anuncios en su blog no es muy importante. Simplemente tiene que ajustar las cosas regularmente para encontrar el mejor ajuste. Solamente asegúrese de que los tipos de anuncios que permita en su blog sean relevantes para su contenido. Los anuncios tienen que ser útiles y valiosos para sus visitantes. La falta de relevancia molestará y alejará a los visitantes, y no ganará dinero.

La mejor manera de atraer a los anunciantes para que compren espacio en su blog es crear una página en su sitio que explique claramente cómo pueden hacerlo. En caso de que un anunciante se encuentre con su sitio, puede conocer fácilmente sus tarifas, los lugares que se ofrecen y cómo comprar su espacio publicitario.

Anuncios de Enlaces de Texto Pagados

Este es un sistema en el que usted se registra, busca enlaces de anuncios para colocar en su sitio y se le paga cada vez que alguien compra un enlace desde su sitio. Hay muchos sitios web que utilizan esta estrategia para generar ingresos. Literalmente le pagan para colocar enlaces en su sitio web.

El procedimiento es simple: vaya a www.text-link-ads.com, regístrese con ellos, complete un formulario y reciba un pequeño fragmento de código que luego colocará en su blog. El nombre de su blog se agrega a su mercado. Cada vez que alguien va al mercado a comprar enlaces y decide comprarlos desde su sitio, recibe un correo electrónico. Luego debe iniciar sesión en el mercado Text-link-Ads para aprobar el anuncio. Posteriormente se le pagará el 50% de los ingresos obtenidos y el otro 50% se destinará a text-link-ads.com como tarifa. La clave aquí es establecer un buen precio para los enlaces en su blog. Asegúrese de valorar adecuadamente su blog comparándolo con otros en el mismo nicho.

Opiniones Patrocinadas

Como bloguero, en realidad se le puede pagar por escribir comentarios sobre productos o servicios relacionados con su nicho de contenido. Si puede desarrollar una gran credibilidad con sus lectores, es más probable que le crean cuando revise un producto o servicio. Cuando un vendedor de productos o un proveedor de servicios ve cuán creíble es usted y la gran cantidad de seguidores que tiene, le pagarán por escribir una crítica positiva de lo que esté tratando de vender. Sus lectores podrían estar interesados en obtener más información sobre el producto o servicio, y esto genera ventas potenciales para el vendedor.

Hay varios mercados de revisión patrocinados en los que puede registrarse, como ReviewMe. Este sitio web de revisión patrocinado (www.reviewme.com) le permite registrarse, completar un formulario y luego agregarlo a su mercado. En caso de que alguien quiera que revise su producto, recibirá una notificación y luego podrá negociar una tarifa a cambio de una revisión patrocinada.

Programa de Afiliados de Amazon

Este es un programa de afiliación muy popular para los vendedores de Internet. Es realmente fácil de configurar y puede comenzar a ganar dinero de inmediato. Puede colocar enlaces de afiliados de Amazon en su sitio cada vez que escribe sobre un producto que se vende en Amazon.com. Todo el mundo está familiarizado con Amazon como un gran lugar para comprar productos, por lo que referir a las personas al sitio web le hará recibir dinero. El único problema con esta estrategia es que Amazon es muy tacaño con sus tarifas. Solo se le paga el 5% de los ingresos que se generan a través de su blog. Ningún otro sitio web paga tan poco.

Sin embargo, todavía vale la pena registrarse. Tarde o temprano se encontrará mencionando o revisando un producto que se puede comprar en Amazon. Colocar un enlace rápido a la página del producto en Amazon ayudará a sus lectores a recopilar más información y, al mismo tiempo, ganar una pequeña suma.

Capítulo 4: Crear Video Tutoriales en Línea

Si tiene un proceso o concepto particular en el que es realmente bueno y posee un blog con contenido relevante, puede considerar enseñarlo a la gente a través de un video tutorial. Aprovechar el poder de los videos en línea es una de las mejores maneras de correr la voz sobre sus habilidades en un nicho particular. Los videos tienden a atraer muchos seguidores en estos días, y crear un video tutorial en línea puede ser una excelente manera de obtener ingresos pasivos.

Crear un video tutorial de buena calidad no es tan complicado. Si conoce bien su nicho, adopta la estrategia correcta y utiliza las herramientas adecuadas, será visto rápidamente como un experto y desarrollará un gran seguimiento en línea. Antes de comenzar a hacer un video tutorial para ganar dinero, hay una serie de factores que debe considerar.

Factores a Considerar

Público Objetivo

Este es uno de los factores más importantes a considerar antes de crear cualquier tipo de contenido. Si se toma el tiempo de preguntarse quién es su público objetivo, tendrá una gran oportunidad de producir contenido valioso y útil. Debe mirar el tipo de contenido que desea compartir y preguntarse qué tipo de audiencia lo agradecería más. Comprenda a su público objetivo, qué les gusta, cómo piensan y qué tipo de formato les conviene más.

Las Metas de Su Objetivo

Una vez que comprenda quién es su público objetivo, debe conocer los objetivos que pretenden lograr. ¿Están sus objetivos en línea con el contenido que desea proporcionar? ¿Les ayudará su tutorial a acercarse a sus objetivos? Si sus objetivos se convierten en parte de los suyos, sin duda estará en una mejor posición para ayudarlos.

Recursos y Herramientas que Necesita Su Audiencia

Las personas se sentirán atraídas por su contenido en línea porque les ofrece los recursos y las herramientas que necesitan. Eso es parte de la creación de valor para sus clientes, ya que estos recursos y herramientas pueden ayudarlos a alcanzar cualquier objetivo que tengan. Por ejemplo, si su audiencia está interesada en aprender cómo montar un kit de energía solar para el hogar, necesitará una lista de equipos que se deben adquirir, dónde comprarlos, los precios y las instrucciones de montaje seguras. Su objetivo debería ser cómo ayudarlos a adquirir dicha información tan fácilmente como sea posible. Sus tutoriales en video deben adaptarse para cerrar la brecha entre ellos y los recursos que necesitan.

Posibles Socios Afiliados

El objetivo principal de crear un video es ganar dinero. Esto significa que tendrá que promocionar un producto o servicio a su audiencia a cambio de dinero en efectivo. Ahí es donde entran los programas de afiliación. Debe inscribirse en un programa de afiliación con compañías que ofrecen tales asociaciones para que promocione sus productos en el video y le paguen a cambio. Es importante tomar en cuenta que tener un tamaño decente de seguidores en línea lo ayudará a negociar cuánto gana, e incluso abrir puertas a empresas que no tienen programas de afiliados.

Cómo Planear su Proceso

No puede lanzarse de cabeza haciendo un video tutorial sin tener algún tipo de plan. Aquí es donde se sienta con lápiz y papel y piensa en lo que está tratando de lograr usando el video. ¿Cómo se hace esto?

Conozca su Materia

Debe tener un conocimiento completo y profundo de su tema. Si aún no conoce bien esa área, haga sus deberes y póngase al día con lo que necesita saber. Un maestro a medias nunca podrá convencer a los estudiantes de que saben de lo que están hablando. Visite otros blogs y foros relevantes para su nicho y observe las preguntas que las personas hacen con frecuencia. Pregúntese qué tipo de problemas o desafíos tiende a enfrentar su público objetivo y lea sobre eso.

Prepare un Guion

Siempre es una buena idea sonar natural en el video, pero tener un guion de viñetas como guía es fundamental para mantenerlo en el punto y recordarle el próximo tema que debe abordarse. No desea comenzar a resolver las cosas en medio de un video tutorial. La planificación adecuada siempre lo ayudará a crear algo único y valioso.

Elija el Tipo de Video

Puede decidir grabar la pantalla de su ordenador y guiar a la audiencia sobre cómo realizar acciones específicas. Por ejemplo, puede mostrarles cómo registrarse en un programa de *marketing* de afiliación en un sitio web. Si está utilizando una grabación de pantalla, debe asegurarse de que el fondo del escritorio esté limpio. La pantalla del ordenador no debe mostrar su información personal o programas irrelevantes que se ejecutan en segundo plano. Para las opciones de transmisión de pantalla, debe considerar programas de alta calidad como

VirtualDub, Camtasia, ScreenFlow o Camstudio.

Su video tutorial puede incorporarlo de pie frente a la cámara. Si este es su modo de elección, necesitará una cámara réflex digital, una videocámara o simplemente usar su teléfono inteligente.

También puede hacer grabaciones de video usando una presentación de diapositivas. Esta es una excelente manera de enseñar a su audiencia siempre que pueda crear bien sus diapositivas. Puede usar *software* como Google Slides, MS PowerPoint o Keynote.

Su última opción para elegir su formato de video es combinar dos o más de los formatos anteriores.

Prepare su Audio

Puede elegir grabar su audio a través del micrófono de su ordenador, aunque la calidad puede no ser tan buena. Un micrófono USB de buena calidad puede ser útil, y no tiene que optar por uno caro. Un micrófono Audiotechnica solamente le costará $30.

Un excelente entorno acústico significa que no hay dispositivos ruidosos que zumben de fondo. Asegúrese de que las superficies no reverberen el sonido y creen un eco. Si desea tener una música de fondo interesante, puede ir a cualquier sitio de Creative Commons (por ejemplo, ccmixter.org) que ofrezca música con licencia gratuita. Asegúrese de que su música de fondo no se ahogue o interfiera con su voz en off.

Cree su Enlace del Programa de Afiliados

Puede usar el complemento Pretty Link en Wordpress para crear un enlace que le permita ganar dinero con su video. Este es el enlace en el que su audiencia hará clic para seguir adelante y comprar cualquiera de los productos o servicios que haya promocionado en el video.

Cómo Crear el Video

Una vez que se complete el proceso de planificación, puede continuar y grabar, editar y exportar su video.

Grabar su video tutorial debería ser fácil ahora que está familiarizado con el *software* y el formato que se utilizará. Simplemente presione el botón "Grabar" y hable con su audiencia. Intente ser amigable y crear una conexión personal con su audiencia. Simplemente no se exceda con la teatralidad, ya que puede frustrar a algunos de sus espectadores serios.

Cuando se trata de editar su video, necesita usar un buen *software*, algunos son de pago mientras que otros son gratuitos. Puede usar ScreenFlow, iMovie, Adobe Premiere o Final Cut Express. Con excelentes técnicas de edición, puede ofrecer más valor a su audiencia. Puede resaltar las características importantes, agregar texto para garantizar un flujo de información fluido y claro, o incluso eliminar errores en la grabación de video. Un video bien editado siempre hará una buena transición y se mantendrá en el punto. Cualquier pausa innecesaria, demoras en la carga o deslizamientos en el habla deben ser eliminados. En caso de que no pueda editar el video usted mismo, debería considerar externalizar el trabajo a un profesional.

Exportar su video simplemente significa convertirlo del formato de edición a un formato que pueda cargarse fácilmente en su plataforma de transmisión de video (YouTube, Udemy, etc.).

Cómo Publicar el Video

Cuando se trata de elegir qué servicio de transmisión de video usar para su contenido en línea, nunca puede equivocarse con YouTube. Recuerde que desea ganar dinero con su video, por lo que debe usar una plataforma que sea el segundo motor de búsqueda más grande en la web. El tráfico que atraviesa YouTube todos los días es increíblemente enorme, y tiene la oportunidad de aprovecharlo de forma gratuita. También puede publicar el video tutorial en Udemy o en su propio blog de negocios.

Cómo Optimizar el Video

El título de su video es la parte más crítica del video, por razones obvias. Desea que lo encuentren fácilmente en Internet, así que asegúrese de usar SEO y palabras clave relevantes en su título y descripción. Asegúrese de que las personas y los motores de búsqueda sepan exactamente qué contiene su video. No olvide colocar un enlace a su sitio web dentro del área de descripción para que las personas puedan visitar su sitio. También debe escribir una publicación de blog basada en el mismo tema e insertar el video en él.

Cómo Promocionar su Video Tutorial

Hay varias formas de promocionar su video tutorial. Usted puede:

- Enviarlo a su lista de correo electrónico
- Promoverlo en la barra lateral o la barra de navegación de su blog
- Compartirlo en redes sociales
- Compartirlo con otros blogueros que tienen una audiencia similar
- Compartirlo con compañías cuyos productos puede promocionar

Los videos son una excelente manera de llegar a millones de personas en todo el mundo. Los videos virales están teniendo un gran impacto en las personas, por lo que nunca puede equivocarse al hacer un video tutorial.

Capítulo 5: Vender Productos Digitales Informativos

Internet ha revolucionado totalmente la forma en que las personas compran y venden productos. Esto ha tenido el efecto de abrir el mundo a todos los que tienen algo valioso que ofrecer, ya sea un producto o un servicio.

Cuando se trata de obtener un ingreso pasivo en línea, una de las mejores cosas para hacer es vender un producto digital. Con solo un poco de esfuerzo, puede crear un producto informativo y venderlo a un precio asequible. Piense en todos los productos en sitios como Amazon, Etsy o Ebay. Los productos digitales en estas plataformas de venta en línea son muy baratos y la demanda sigue aumentando año tras año. Si puede crear un producto informativo increíble y venderlo en línea, podrá ganar dinero durante años.

¿Qué es un Producto Informativo?

Un producto informativo es simplemente un producto creado para proporcionar más información o conocimiento sobre un asunto o tema específico. Piense en cosas como libros electrónicos o videos que le enseñan cómo hacer algo. Un producto informativo le brinda la oportunidad de crear valor para sus clientes de una manera rápida y fácil.

Hay dos razones fundamentales por las que crear y vender un producto informativo es una gran idea:

- Le permite obtener ingresos pasivos sin tener que invertir demasiado tiempo. Piénselo de esta manera. Una vez que termine de crear ese libro electrónico o video tutorial, simplemente lo vende en una plataforma digital como Amazon.com o su propio sitio web, y pase a otras cosas. Mejor aún, si está ofreciendo algún tipo de servicio a través de un sitio web, puede crear un producto informativo para acompañar sus servicios, y así agregar valor a su negocio existente. Los productos informativos tienden a venderse solos. Esa es la belleza de las plataformas en línea. Incluso puede tomarse un descanso de la administración de su negocio y aun así sentirse cómodo sabiendo que su producto informativo digital se vende y gana dinero.

- Un producto informativo digital le permite llegar a clientes potenciales que tienen un presupuesto bajo o no están seguros de trabajar con usted o no. Al referirlos a su producto informativo, puede permitirles usar su tutorial a un precio asequible, y así generar confianza con el tiempo. Una vez que saben que tiene la experiencia en un área determinada y confíen en usted, es más probable que vuelvan a comprarle más productos o servicios. Además, es probable que lo remitan a otros clientes. Un producto informativo se puede compartir con otros y generar fácilmente críticas positivas para usted. De repente ha fidelizado clientes actuales y futuros.

Factores a Considerar antes de Crear un Producto Informativo

Al decidir qué tipo de producto informativo crear, deberá tener en cuenta sus intereses personales y comerciales, la cantidad de tiempo que tiene disponible y las necesidades de sus clientes objetivo. Crear un ingreso pasivo puede ser una excelente manera de ganar dinero fácilmente a largo plazo, pero aún implica mucho trabajo en las etapas iniciales.

Deberá tener en cuenta aspectos como el tiempo que tomará crear el producto, la inversión financiera inicial requerida y la cantidad de dinero que le gustaría obtener en ganancias por hora.

Hay un viejo dicho que dice: "Escriba de lo que sabe". Al decidir sobre qué escribir o crear un video, la mejor apuesta que puede hacer es crear un producto que conozca. En este punto, hay dos cosas en las que pensar:

- Preguntas frecuentes

En cualquier negocio o línea de trabajo en el que esté involucrado, hay ciertas preguntas que los clientes constantemente hacen. Puede hablar con los clientes sobre sus inquietudes o visitar la página de preguntas frecuentes de un sitio web relevante en el nicho que desea abordar. En lugar de responder preguntas a través de correos electrónicos largos, puede cobrar escribiendo un libro electrónico o creando un video en línea que explique todo lo que los clientes necesitan saber.

- Servicios básicos que puede ofrecer

Probablemente hay ciertos servicios básicos que realiza día a día. Si tiene un sitio web y se encuentra superando ciertos servicios, puede crear videos sobre cómo realizar esos servicios para sus clientes. Si llega un cliente con un presupuesto limitado y quiere contratarlo para que haga algo por él, simplemente puede pedirle que compre y descargue el video. Será más barato para el cliente y le dará tiempo para realizar otras actividades.

Crear su Contenido Informativo

Escribir un Libro Electrónico

Lo mejor de vender un libro electrónico es que no es necesario ser escritor para hacerlo. Si es un experto en SEO, puede conseguir un escritor fantasma independiente para que le escriba el libro. Lo mismo se aplica a usted si es diseñador o desarrollador de *software*. No importa cuál sea su experiencia. Si puede poner su conocimiento en formato escrito que pueda digitalizarse y monetizarse, siempre encontrará a alguien dispuesto a comprarlo. Los libros electrónicos son bastante atractivos en este momento, y nunca puede equivocarse con ellos.

Hacer Contenido de Audio y Video

Puede hacer podcasts o videos donde le brinde a las personas información que no se encuentra fácilmente. No tiene que ser un experto, porque no importa lo poco que sepa, siempre hay alguien más que sabe menos que usted. Si el precio es correcto, los clientes elegirán comprarle.

Crear una Comunidad o Foro en Línea

Si tiene mucha información que está dispuesto a compartir con un grupo exclusivo de personas, puede crear un foro de pago únicamente para miembros. El sitio web debe tener un flujo constante de información relevante y de alta calidad por la que las personas estarían dispuestas a pagar una buena suma de dinero. Si usted es un gurú en empresas emergentes, SEO, comercio de acciones, etc., puede cobrar a sus miembros para obtener acceso a información de primer nivel que no se puede encontrar en ningún otro lugar. Sus miembros podrán descargar contenido exclusivo, consejos, oportunidades de trabajo o asesoría comercial. Si tiene éxito, incluso puede contratar asistentes y moderadores para que lo ayuden.

Enseñar una Clase en Línea

Puede crear un esquema del curso compuesto por módulos y hojas de trabajo en forma de diapositivas. Estos se pueden descargar por una tarifa y las personas pueden estudiarlos por su cuenta. El desafío está en el comienzo, ya que puede llevar un tiempo desarrollar un buen esquema de clase que se pueda enseñar cada semana. Sin embargo, una vez que lo haya establecido todo, las cosas se vuelven más fáciles. Siempre que pueda asegurarse de que el contenido de la oferta esté actualizado y sea relevante, puede optar por reciclar las notas de clase del año anterior.

Cómo Vender sus Productos

Una vez que haya creado su producto informativo, debe comercializarlo para generar suficiente interés. También deberá decidir cómo pagarán los clientes los productos antes de descargarlos.

Al comercializar sus productos informativos, debe centrarse en mostrar a los clientes los beneficios de su contenido en lugar de solamente indicar las características del producto. Dígale a la gente qué obtendrán de su producto y cómo es único. Asegúrese de que su copia de ventas sea fácil de leer rápidamente y use imágenes, viñetas y palabras clave. Mantenga sus correos electrónicos de *marketing* cortos para aquellas personas que ya lo conocen.

Existen ciertas herramientas que también puede usar para ayudarlo a vender sus productos informativos:

- SendOwl – Esta es una plataforma de suscripción mensual que cobra $9 al mes. Es fácil de aprender e integra muchos procesadores de pago diferentes, como Authorize.net, Stripe y PayPal.

- E-junkie – Esta es una herramienta de suscripción mensual que cuesta $5 al mes. Fue una de las plataformas financieras pioneras para vender productos digitales. Es barato si está comenzando un negocio en línea, y puede acceder a su dinero a través de PayPal.

- Gumroad – Este es un servicio que le permite canalizar a sus clientes a una página específica. También tiene la opción de insertar un enlace en el producto que está vendiendo en su página de destino. Es una herramienta flexible que le permite ajustar los botones para adaptarse a su sitio web, por lo que si tiene habilidades de desarrollo web, disfrutará de esta opción. Gumroad le permite pagar a través de cualquiera de las principales tarjetas de crédito. Puede acceder a su dinero a través de PayPal (una vez cada quince días) o mediante depósito directo. Como no hay tarifas de suscripción mensuales, Gumroad es una buena opción para aquellos vendedores que aún no están seguros de cuántas copias de un producto se venderán por mes. El servicio solo le cobra una tarifa del 5% y $0.25 adicionales por cada transacción realizada. Si no tiene ganas de comprometerse a pagar tarifas de suscripción regulares, entonces esta es la herramienta para usted.

Cómo Adaptarse a Su Mercado

Con el tiempo, descubrirá que a medida que aumenta el número de clientes, sus necesidades también cambian. Siempre debe estar al tanto de las necesidades de sus clientes para saber cuándo y cómo adaptar sus productos informativos. Realice ajustes en sus productos, ya sea actualizando el contenido del curso, actualizando la información anterior o adaptándose a las nuevas tendencias.

Si está escribiendo libros electrónicos sobre SEO, debe realizar un seguimiento de cómo Google ajusta sus algoritmos. Si está haciendo videos, podría filmar nuevos e incluir a los próximos gurús en lugar de los antiguos. La clave es mantener su contenido actualizado. Ganar ingresos pasivos no significa que tenga que desempeñar un papel pasivo a medida que otros pasan de largo. Siga aprendiendo y manténgase en contacto con lo que sus clientes quieren.

Capítulo 6: *Freelancing*

Cada vez más personas buscan nuevas formas de ganar más dinero todos los días. Tener un trabajo regular no es suficiente para satisfacer las necesidades de hoy, por lo que trabajar independientemente se ha convertido en una forma de generar ingresos adicionales.

Hay muchas cosas en las que puede participar como *freelance*. La belleza de ser un profesional independiente es que puede ofrecer sus servicios en cualquier área que le apasione. Si tiene un trabajo de 9 a 5, puede usar su tiempo después del trabajo o los fines de semana para diversificar sus fuentes de ingresos. Con el trabajo independiente, puede elegir cómo usar su tiempo y en qué gastarlo.

Como profesional independiente, tendrá que determinar cuáles son sus fortalezas y debilidades para que aprenda a perfeccionar su oficio y aprovechar al máximo sus habilidades.

Cómo Trabajar por Cuenta Propia Para Obtener Ingresos Pasivos

Hay varias formas en que un profesional independiente puede comenzar a ganar un ingreso pasivo. Obviamente, esto dependerá del tipo de profesional independiente que sea.

Vender Existencias

Con existencias nos referimos a cosas como imágenes, temas, guiones y similares. Si le encanta la fotografía, puede tomar fotografías durante su tiempo libre y venderlas en sitios de bancos de fotografías. Cada vez que alguien va al sitio y compra una de sus fotos, le pagan. No es necesario ser un fotógrafo profesional para hacer este tipo de trabajo. Con los avances en las cámaras de los teléfonos inteligentes, casi todos son fotógrafos aficionados. Sin embargo, si desea desarrollar esa vanguardia, sería mejor que aprendiera algunas habilidades básicas de fotografía. Shutterstock es un buen ejemplo de un sitio web que puede generar un buen ingreso pasivo para un fotógrafo.

Si es programador, puede comenzar a escribir guiones y venderlos a cualquiera de los numerosos sitios web de *scripts* en Internet. Si le apasiona el diseño web, puede pasar su tiempo libre creando plantillas, gráficos o temas de Wordpress. Este nicho particular se está volviendo más popular cada año. Puede sonar un poco difícil para la mayoría de las personas, pero si usted es diseñador, en realidad puede ganar una cantidad considerable si trabaja en sus propios productos y los vende. Puede vender sus gráficos de *stock* en su propio sitio web o en un mercado. Los ejemplos de mercados en los que puede vender sus temas, plantillas y gráficos comunes incluyen ThemeForest, GraphicRiver y Creative Market.

Estos mercados en línea ofrecen buenos precios para las acciones, y puede ganar un mínimo de $20 por una sola plantilla. En algunos casos, se puede comprar una plantilla por $300, por lo que cuanto mejor sea su plantilla, mayor será el potencial de ingresos.

Suscripciones y Membresías

Dependiendo del tipo de profesional independiente que sea, es posible que tenga muchos conocimientos para compartir con el mundo. Al abonarse a un servicio de suscripción o área de membresía, puede ofrecer su conocimiento a los clientes a cambio de dinero.

Un buen ejemplo es la red Envato, que comprende una

colección de sitios web y mercados digitales que permiten a las personas con activos creativos ofrecer o vender sus ideas a otros. Todo lo que tiene que hacer es crear un tutorial de cualquier información o habilidades que desee compartir, registrarse en la red Envato y vender su contenido a través de su plataforma de tutoriales, Tuts+. Luego, los clientes se suscriben a la red por aproximadamente $9 por mes y pueden descargar cualquier contenido que les interese. Este es un precio muy pequeño para los clientes que buscan contenido de alta calidad, por lo que si su trabajo es de primera categoría, usted gana $9 por mes por cada suscriptor.

Venta de Espacios Publicitarios

Es posible que tenga un trabajo estable mientras mantiene una presencia activa en línea a través de su sitio web personal. Si este es el caso, entonces debería considerar vender parte del espacio en su sitio web a los anunciantes. Esto puede ser una gran fuente de ingresos pasivos si su sitio web tiene una gran cantidad de tráfico. Los anunciantes siempre buscan llegar a un público mayor, y la cantidad de visitantes atraídos a su blog o sitio web determinará si elegirán trabajar con usted y cuánto puede ganar. A medida que su sitio web se vuelva más y más popular, podrá cobrar a los anunciantes más dinero a cambio de publicar sus anuncios en su sitio.

Publique un Libro

No tiene que ser escritor para expresar sus pensamientos y conocimientos en palabras. Hay muchos escritores fantasmas en plataformas como Upwork o Guru que pueden crear un gran libro para usted. Independientemente del área en la que sea experto, escribir un libro puede ser una excelente manera de obtener ingresos pasivos. Puede autopublicar en Amazon o usar uno de los muchos servicios de libros electrónicos que existen, como e-Junkie.

Concursos de Diseño

Si le gusta cualquier tipo de diseño, como el diseño web, diseño de logotipos o diseño de volantes, puede participar en un concurso de diseño. Los concursos de diseño no son nuevos, y son una excelente manera para que los aficionados se creen un nombre. Un sitio web de concurso de diseño como 99Designs ofrece tarifas fantásticas para logotipos, postales o diseños de sitios web. Siempre hay un concurso de diseño en marcha, por lo que la oportunidad de ganar algo de dinero siempre está disponible. Sin embargo, tendrá que trabajar fuertemente para impresionar al creador del concurso y vencer a miles de otros competidores.

Capítulo 7: Encuestas en Línea

Cuando se trata de ganar dinero en línea, no hay nada más simple que las encuestas en línea. No tiene que hacer una inversión financiera o pasar demasiado tiempo estableciendo un negocio como los otros métodos mencionados en los capítulos anteriores.

Las encuestas en línea le permiten recibir un pago cada vez que completa una encuesta, y esto es algo que se puede hacer en conjunto con su trabajo diario. A diferencia de un grupo de discusión, no necesita tener algún tipo de especialización para ser elegible para encuestas pagadas en línea. También puede tomar tantas encuestas como quiera.

Cómo Usar los Sitios de Encuestas

- Usted se registra en cualquiera de los numerosos sitios de encuestas en línea disponibles. Deberá leer las instrucciones detenidamente y comprender cuánto le pagarán por encuesta. Algunos de los mejores sitios de encuestas en términos de dinero ganado incluyen GlobaltestMarket, SurveyHead, Ipsos, CashCrate y ValuedOpinions.

- Una vez que se haya registrado, comenzará a recibir correos electrónicos del sitio web de la encuesta. El correo electrónico le informará de una encuesta para la que califica. No califica automáticamente para todas las encuestas, y solamente se le enviarán encuestas de acuerdo con los detalles que completó durante el registro.

- Una vez que complete la encuesta, se le enviará su pago a través de PayPal, cheque, cupones y ofertas especiales que se pueden utilizar para comprar cosas en línea.

Lo que se Debe y No se Debe Hacer en las Encuestas en Línea Pagadas

Existen algunas reglas básicas que puede adoptar para ayudarlo a que este tipo de estrategia de ingresos pasivos sea un éxito. Algunos de ellos pueden ser obvios y usted puede conocerlos, mientras que otros son puramente para su seguridad.

Lo que Debe Hacer

- Asegúrese de ir siempre a la página de política de privacidad del sitio web de la encuesta y lea atentamente la letra pequeña. Muchas personas omiten este paso porque quieren registrarse y comenzar a ganar dinero muy rápido. El peligro es que nunca sabrá cómo se usará su información personal, y su privacidad puede verse potencialmente comprometida.

- Averigüe cuánto se paga por encuesta y la cantidad mínima de pago que tiene cada sitio. Esto le ayudará a saber cuánto tiene que ganar antes de que se le permita retirar dinero, y qué tan rápido puede hacerlo. Hay algunos sitios que establecen montos mínimos de pago muy altos y le pagan muy poco dinero por encuesta. Cuando está cerca de alcanzar la cantidad mínima para cobrar, de repente dejan de enviarle encuestas. Debe tener cuidado de no terminar perdiendo su tiempo y energía en dichos sitios.

- Cree una nueva cuenta de correo electrónico completamente dedicada a recibir correos electrónicos

45

con respecto a sus encuestas pagadas. No querrá que le envuelvan en diferentes tipos de correos electrónicos y no pueda ver el correo electrónico de la encuesta a tiempo. Algunas de estas encuestas son para un período de tiempo específico y se las puede perder.

- Asegúrese de revisar su correo regularmente para que sus encuestas no le pasen de largo. Puede configurar alertas de escritorio para esa cuenta de correo electrónico en particular.

- Tómese el tiempo para actualizar su perfil regularmente para seguir recibiendo las encuestas más apropiadas o relevantes para usted. Desea ser encuestado sobre las cosas que le interesan y, en caso de que sus intereses cambien, deberá actualizar sus preferencias en su perfil.

- Finalmente, regístrese en más de un sitio de encuestas. De esta manera, maximiza sus posibilidades de ganar tanto dinero como sea posible. Habrá momentos en que algunos sitios no le enviarán encuestas periódicamente, y tener otras alternativas será de gran ayuda.

Lo que No Debe Hacer

- No pague ningún tipo de cuota de membresía a ningún sitio de encuestas. Los sitios de encuestas legítimos ofrecen registros gratuitos y no solicitan dinero por adelantado. Si se encuentra con un sitio de encuesta que le pide que pague primero, siga buscando. Definitivamente no son legítimos.

- No proporcione información personal que sea confidencial y que pueda ser utilizada en su contra. Esto incluye números de tarjetas de crédito, números de teléfono, número de seguro social y similares. No quiere ser víctima de algún tipo de estafa financiera, o algo peor.

- No baje la guardia cuando se trata de protegerse contra virus y correo basura. Algunos sitios de encuestas pueden exponer fácilmente su ordenador a virus o troyanos, así que asegúrese de tener las herramientas antivirus más recientes y actualizadas. Si va a trabajar mucho en línea, invierta en proteger su ordenador.

- Finalmente, no piense que puede hacerse rico y retirarse simplemente completando encuestas. Las encuestas en línea pagadas son una manera excelente y fácil de ganar dinero extra, especialmente si tiene tiempo. Sin embargo, no es una forma estable de ganarse la vida. Úselo, pero no permita que sea su única fuente de ingresos pasivos.

Si desea ganar dinero a través de encuestas pagadas en línea, debe tener paciencia y dedicación. Este no es un plan para hacerse rico rápidamente que le hará ganar mucho dinero de la noche a la mañana. Tenga cuidado con los sitios de encuestas que visita y siempre busque los que son confiables y tienen las mejores críticas.

Conclusión

¡Gracias nuevamente por adquirir este ejemplar!

Espero que este libro pueda ayudarlo a descubrir cómo comenzar a generar ingresos pasivos haciendo lo que más le gusta. Este libro definitivamente le ha abierto los ojos a las oportunidades disponibles.

El siguiente paso es encontrar la mejor manera de monetizar cualquier pasión que tenga. Puede llevar algo de tiempo, ¡pero pronto podrá ganar dinero mientras duerme!

9 781951 404819